구역 공과

하나님의 사람들에게 2

디모데후서 디도서

2 Timothy · Titus

평광교회 교구위원회

쿰란출판사

목차 | Contents

교재 사용 안내

본 교재는 개인 성경공부 및 그룹 모임 목적으로 만들어졌습니다. 성경을 읽으면 쉽게 답을 달 수 있는 개론서 정도의 수준입니다. 그러므로 성경을 찾아보면서 개인 성경공부 교재로 충분히 활용할 수 있으며, 개인 성경공부 후에 그룹으로 모여 서로 토론하며 나눌 수도 있습니다.

✻ 각 과의 구성

1. **개요 :** 각 장마다 그 장의 전체 개요를 두었습니다.
2. **주제 성구 :** 그 과의 핵심 구절을 주제 성구로 정했습니다.
3. **본문 관찰 :** 성경을 찾아 질문에 답함으로써 자연스럽게 본문을 이해합니다.
4. **심화 질문 :** 본문 관찰을 통해 각 과의 내용을 파악한 후, 본문 이면을 이해할 수 있는 심화된 질문을 통해 본문을 더 깊이 이해하며, 성경을 삶에 적용합니다. 또 그룹 성경공부 시에 함께 질문을 나눠봅니다.
5. **기도 :** 깨달은 말씀을 중심으로 기도하며 성경공부를 마무리합니다.

디모데후서 개론

1. 디모데후서의 저자

디모데전서와 동일하게 디모데후서의 저자는 사도 바울입니다. 디모데후서 인사말에서 바울은 자신이 디모데후서의 저자임을 분명히 밝히고 있습니다.

2. 수신자

디모데전서와 동일하게 디모데후서의 수신자도 디모데이며, 이 또한 디모데후서 초반에 바울이 밝히고 있습니다. 바울은 자신의 동역자이며 영적인 아들인 디모데에게 어떻게 목회할지에 대한 실제적인 조언을 디모데후서에서도 하고 있습니다.

3. 디모데후서의 내용

디모데전서에 이어 디모데후서에서도 바울은 자신의 사랑하는 후배 목회자인 디모데에게 목회적인 조언을 하고 있습니다. 당시 디모데가 처한 구체적인 목회 상황에 대한 조언과 목회자의 자세, 그 시대의 교인들에게 가르쳐야 할 내용들을 디모데에게 간절한 마음으로 전하고 있습니다. 그렇기에 디모데후서도 디모데전서와 마찬가지로 '목회서신'으로 불리고 있습니다.

4. 디모데후서의 구조

1) 인사말(1:1–2)

2) 본론(1:3–4:5)

① 디모데에 대한 격려와 당부(1:3-14)

② 바울 주변의 사람들(1:15-18)

③ 사역에 대한 조언(2:1-4:5)

가. 사역자의 자세(2:1-13)

나. 진리에 관하여 그릇된 자들(2:14-26)

다. 말세를 살아가는 자들에게(3:1-13)

라. 성경의 유익(3:14-17)

마. 말씀을 전파하라(4:1-5)

3) 맺는말(4:6–22)

① 순교를 앞둔 바울(4:6-8)

② 개인적인 부탁(4:9-18)

③ 끝인사(4:19-22)

디도서 개론

1. 디도서의 저자

디모데후서와 동일하게 디도서의 저자는 사도 바울입니다. 디도서 초반에 바울은 자신이 디도서의 저자임을 분명히 밝히고 있습니다.

2. 수신자

디도서 수신자는 디도이며, 바울은 수신자가 디도임을 언급하고 있습니다. 바울은 당시 그레데 섬에서 교회를 돌보고 있던 자신의 동역자이며 영적인 아들, 디도에게 어떻게 목회할지에 대해 조언과 권면을 하고 있습니다. 그래서 디모데전서, 디모데후서와 더불어 디도서 또한 바울의 '목회서신'으로 불리고 있습니다.

3. 디도서의 내용

디모데전·후서처럼 바울은 자신의 사랑하는 후배 목회자, 디도에게 목회적인 조언을 하고 있습니다. 바울은 디도를 그레데에 남긴 목적과 다양한 그룹의 사람들에 대한 목회적 태도, 이단에 대한 경계 등을 전하고 있습니다.

4. 디도서의 구조

1) 인사말(1:1–4)

2) 본론(1:5–3:11)

① 디도를 그레데에 남겨 둔 이유(1:5-9)
② 그레데에 들어온 거짓 교사들(1:10-16)
③ 다양한 교인들과 사람들에 대한 권면(2:1-3:1)
  가. 늙은 남자들(2:1-2)
  나. 늙은 여자들(2:3)
  다. 젊은 여자들(2:4-5)
  라. 젊은 남자들(2:6-8)
  마. 종들(2:9-10)
  바. 하나님의 구원의 목적(2:11-15)
  사. 세상 권력자들에 대한 자세(3:1)
④ 하나님의 사랑과 긍휼(3:2-8)
⑤ 잘못된 가르침에 대한 경계(3:9-11)

3) 끝인사(3:12–15)

1과

복음과 함께 고난을 받으라(딤후 1:1-14)

1하나님의 뜻으로 말미암아 그리스도 예수 안에 있는 생명의 약속대로 그리스
도 예수의 사도 된 바울은 2사랑하는 아들 디모데에게 편지하노니 하나님 아버
지와 그리스도 예수 우리 주께로부터 은혜와 긍휼과 평강이 네게 있을지어다
3내가 밤낮 간구하는 가운데 쉬지 않고 너를 생각하여 청결한 양심으로 조상적
부터 섬겨 오는 하나님께 감사하고 4네 눈물을 생각하여 너 보기를 원함은 내 기
쁨이 가득하게 하려 함이니 5이는 네 속에 거짓이 없는 믿음이 있음을 생각함이
라 이 믿음은 먼저 네 외조모 로이스와 네 어머니 유니게 속에 있더니 네 속에
도 있는 줄을 확신하노라 6그러므로 내가 나의 안수함으로 네 속에 있는 하나님
의 은사를 다시 불일 듯하게 하기 위하여 너로 생각하게 하노니 7하나님이 우리
에게 주신 것은 두려워하는 마음이 아니요 오직 능력과 사랑과 절제하는 마음
이니 8그러므로 너는 내가 우리 주를 증언함과 또는 주를 위하여 갇힌 자 된 나
를 부끄러워하지 말고 오직 하나님의 능력을 따라 복음과 함께 고난을 받으라 9
하나님이 우리를 구원하사 거룩하신 소명으로 부르심은 우리의 행위대로 하심
이 아니요 오직 자기의 뜻과 영원 전부터 그리스도 예수 안에서 우리에게 주신
은혜대로 하심이라 10이제는 우리 구주 그리스도 예수의 나타나심으로 말미암
아 나타났으니 그는 사망을 폐하시고 복음으로써 생명과 썩지 아니할 것을 드러
내신지라 11내가 이 복음을 위하여 선포자와 사도와 교사로 세우심을 입었노라
12이로 말미암아 내가 또 이 고난을 받되 부끄러워하지 아니함은 내가 믿는 자를
내가 알고 또한 내가 의탁한 것을 그 날까지 그가 능히 지키실 줄을 확신함이라

13너는 그리스도 예수 안에 있는 믿음과 사랑으로써 내게 들은 바 바른 말을 본받아 지키고 14우리 안에 거하시는 성령으로 말미암아 네게 부탁한 아름다운 것을 지키라

개요

디모데후서는 디모데전서와 마찬가지로 바울이 후배 목회자 디모데에게 목회를 함에 있어서 필요한 조언을 사랑으로 기록한 편지입니다. 그러므로 우리는 디모데후서를 통해 오늘날 우리가 교회에서 리더의 자리에 서 있거나, 혹은 앞으로 설 때 어떤 마음가짐을 가져야 하는지, 그리고 어떤 것에 주의해야 하는지를 묵상해 볼 수 있습니다.

1과는 편지의 인사말과 디모데의 사역에 대한 격려의 말씀을 중심으로 살펴보겠습니다.

주제 성구

"그러므로 너는 내가 우리 주를 증언함과 또는 주를 위하여 갇힌 자 된 나를 부끄러워하지 말고 오직 하나님의 능력을 따라 복음과 함께 고난을 받으라"(딤후 1:8).

본문 관찰

1. 인사말 (딤후 1:1-2)

가. 디모데후서의 저자는 누구입니까? (1절)

나. 디모데후서의 수신자는 누구입니까? (2절)

바울과 디모데

디모데는 바울의 동역자이며 영적인 아들과도 같은 사람이었습니다. 디모데는 에베소 교회에서 사역하고 있었던 것으로 추측되고, 당시 바울은 로마 감옥에 있었습니다. 자신도 어려움에 처해 있었지만, 쉽지 않은 환경에서 목회에 수고하는 디모데에게 바울은 애정 어린 조언의 편지를 쓰고 있는 것입니다.

2. 디모데에 대한 격려와 당부 (딤후 1:3-14)

가. 사랑하는 후배 교역자, 디모데에 대한 바울의 사랑의 마음이 잘 묻어나는 표현 두 가지를 찾아 적어보세요. (3-4절)

①

②

나. 유대인 어머니와 이방인 아버지 사이에 태어난 디모데의 믿음은 자신의 당대에서 시작한 것이 아니라 조상으로부터 이어진 것임을 알 수 있습니다. 디모데의 외조모의 이름과 어머니의 이름은 무엇인가요? (5절)

디모데의 외할머니와 어머니

디모데의 외할머니와 어머니가 유대인이어서 디모데의 신앙이 유대교적 신앙이었을 것이라는 의견도 있습니다. 그러나 외할머니 로이스가 유대교에 있었다면 그 딸, 유니게를 이방인과 결혼시키지 않았을 것입니다. 유대인들은 이방인과의 결혼을 금하고 있기 때문입니다. 그래서 로이스는 기독교의 초기인 어느 시점에 복음을 받아들였고, 그 신앙이 그의 딸 유니게를 거쳐서 외손자 디모데에게 전수되었다고 볼 수 있습니다.

다. 디모데는 바울로부터 안수를 받았습니다. 바울은 이런저런 일로 힘들고 지친 디모데에게 하나님께서 주신 '무엇'을 다시 불일 듯하게 하라고 권면하고 있습니까? (6절)

라. 당시 힘들어하는 디모데에게 바울은 용기를 주는 권면을 하고 있습니다. 구절을 참고하여 괄호를 채워보세요. (7절)

"하나님이 우리에게 주신 것은 두려워하는 마음이 아니요, 오직 (　　　)과 (　　　)과 (　　　)하는 마음이니."

마. 디모데후서가 옥중서신(엡, 빌, 골, 몬)에 포함되지는 않지만, 이 서신을 기록할 때 바울이 감옥에 있었다는 것을 알 수 있는 내용을 찾아 쓰세요. (8절)

디모데후서의 기록 시점

바울이 기록한 서신은 총 13개로 그 기록 시점을 정확하게 추론하기가 어렵습니다. 바울의 일대기를 시간순으로 배열하기 어렵기 때문입니다. 디모데후서의 기록에 관한 것을 추론해볼 때, 일단 그가 감옥에서 디모데후서를 기록했다는 것은 알 수 있습니다. 학자들은 바울이 두 차례에 걸쳐 로마 감옥에 투옥당했다고 보는데, 1차 투옥은 사도행전 28장에 나오는 투옥입니다. 이후에 바울은 일정 기간 풀려나 복음을 전하다가 2차 투옥을 당합니다. 디모데후서는 2차 투옥을 당해 그가 순교하기 직전 기록한 책으로 볼 수 있습니다. 즉 사도바울의 순교를 주후 67년으로 보면, 겨울이 다가오는 66년 가을경에 디모데후서를 기록했다고 추론할 수 있습니다.

바. 되풀이되는 투옥과 그에 대한 핍박이 있었지만 바울은 이를 "부끄럽게 생각"(8절)하지 말라고 말합니다. 실제로 당시 교인들 가운데, 바울을 오해하고 그와 거리를 두는 사람도 생기곤 하였습니다. 이렇게 힘든 전도자의 길을 가는 바울은, 자신의 길을 따라오는 디모데에게 어떤 권면을 하고 있습니까? (8절 하반절)

‘복음과 함께 고난을 받으라’

바울 당시 복음을 전한다는 것은 쉬운 일이 아니었습니다. 이방인들의 반대뿐만 아니라, 같은 유대인들의 심한 반대와 핍박도 있었습니다. 이런 상황에서 바울은 2차 투옥되었고, 같이 복음을 전하던 디모데는 위축될 수 있었습니다. 이에 바울은 비록 어려움과 핍박이 있지만, 끝까지 주의 복음을 전하라는 당부의 말을 후배 디모데에게 하고 있는 것입니다.

사. 바울은 자신이 복음을 전하다가 감옥에 갇혔음에도 불구하고, 그 고난을 부끄러워하지 않고 자신은 그 상황에 당당하게 맞설 것을 이야기하고 있습니다. 구절을 참고하여 그 이유 두 가지를 적어보세요. (12절 하반절)

①

②

아. 바울은 자신이 디모데에게 복음을 전수하고 가르쳤다고 말씀하고 있습니다. (13절 상반절) 그리고 이 복음을 다른 사람들에게도 전하라고 권면하고 있는데, 복음을 전하기 전에 먼저 무엇을 하라고 디모데에게 명하고 있습니까? (13절 하반절)

자. 바울은 ‘복음’을 하나님께서 성령을 통해 우리에게 부탁하신 ‘무엇’이라고 부르고 있습니까? (14절 하반절)

심화 질문

1. 우리도 바울이 디모데를 위해 간절히 기도했던 것처럼 누군가를 위해 간절히 기도하고 있나요? 있다면 누구인지, 또 그 이유를 적어보세요.

2. 혹시 자신의 조상 때부터 신앙생활을 해 왔다면 그 장점은 무엇이며, 신앙을 당대에 시작한 사람이라면 아쉬운 점은 어떤 것이 있을까요?

기도

1. 디모데후서를 통해서 하나님이 주시고자 하는 교훈을 잘 배우게 하옵소서.

2. 신앙의 대를 이어가는 가정이 되게 하옵소서.

3. 주님이 우리에게 명령하신 복음 전파의 사명을 잘 감당하게 하옵소서.
(우리 주변의 가까운 영혼들과 소그룹 내의 가족 가운데 구원받지 못한 영혼들을 위한 기도)

2과

예수 그리스도의 좋은 병사(딤후 1:15-2:13)

15아시아에 있는 모든 사람이 나를 버린 이 일을 네가 아나니 그 중에는 부겔로
와 허모게네도 있느니라 16원하건대 주께서 오네시보로의 집에 긍휼을 베푸시
옵소서 그가 나를 자주 격려해 주고 내가 사슬에 매인 것을 부끄러워하지 아니
하고 17로마에 있을 때에 나를 부지런히 찾아와 만났음이라 18(원하건대 주께서
그로 하여금 그 날에 주의 긍휼을 입게 하여 주옵소서) 또 그가 에베소에서 많
이 봉사한 것을 네가 잘 아느니라
1내 아들아 그러므로 너는 그리스도 예수 안에 있는 은혜 가운데서 강하고 2또 네
가 많은 증인 앞에서 내게 들은 바를 충성된 사람들에게 부탁하라 그들이 또 다른
사람들을 가르칠 수 있으리라 3너는 그리스도 예수의 좋은 병사로 나와 함께 고난
을 받으라 4병사로 복무하는 자는 자기 생활에 얽매이는 자가 하나도 없나니 이는
병사로 모집한 자를 기쁘게 하려 함이라 5경기하는 자가 법대로 경기하지 아니하면
승리자의 관을 얻지 못할 것이며 6수고하는 농부가 곡식을 먼저 받는 것이 마땅하
니라 7내가 말하는 것을 생각해 보라 주께서 범사에 네게 총명을 주시리라 8내가 전
한 복음대로 다윗의 씨로 죽은 자 가운데서 다시 살아나신 예수 그리스도를 기억하
라 9복음으로 말미암아 내가 죄인과 같이 매이는 데까지 고난을 받았으나 하나님
의 말씀은 매이지 아니하니라 10그러므로 내가 택함 받은 자들을 위하여 모든 것을
참음은 그들도 그리스도 예수 안에 있는 구원을 영원한 영광과 함께 받게 하려 함
이라 11미쁘다 이 말이여 우리가 주와 함께 죽었으면 또한 함께 살 것이요 12참으면
또한 함께 왕 노릇 할 것이요 우리가 주를 부인하면 주도 우리를 부인하실 것이라
13우리는 미쁨이 없을지라도 주는 항상 미쁘시니 자기를 부인하실 수 없으시리라

개요

바울은 자신의 투옥 시에 일어난 주변의 일에 대해서 디모데에게 말하고 있습니다. 그가 투옥되자 그동안 바울과 함께 사역하던 사람들이 그를 떠나기 시작했습니다. 그러나 이러한 가운데에서도 끝까지 바울을 지지해주던 사람들도 있었습니다.

여러 시험과 어려움이 있지만, 바울은 디모데에게 자신처럼 복음을 위해서 수고를 다하라고 권면하고 있습니다. 바울은 복음전도자를 병사, 경기하는 자, 농부에 비유하고 있습니다.

주제 성구

"병사로 복무하는 자는 자기 생활에 얽매이는 자가 하나도 없나니 이는 병사로 모집한 자를 기쁘게 하려 함이라"(딤후 2:4).

본문 관찰

1. 바울 주변의 사람들 (딤후 1:15-18)

가. 바울이 투옥되자 바울이 3차 전도여행 때 사역했었던 아시아 지역의 사람들이 바울을 떠나기 시작했습니다. 특별히 언급된 두 사람이 있는데, 본문에서 찾아 쓰세요. (15절)

아시아 (지도 참조)

바울 당시의 '아시아'는 지금의 우리나라가 속한 '아시아'와 그 지역이 다릅니다. 바울 당시의 아시아는 오늘날 터키의 서쪽 지역입니다. 이 지역에서 바울이 3년 동안 사역했었고, 이어서 디모데가 사역했던 에베소를 포함하고 있습니다.

부겔로와 허모게네

이 두 사람에 대해서는 성경에 자세히 나와 있지 않습니다. 그러나 문맥상 이 두 사람은 아시아 지역에서 잘 알려진 유력한 기독교인이었을 것으로 추측되며, 바울과도 동역의 관계에 있었던 것으로 파악됩니다. 이랬던 사람들이 바울이 투옥되자 바울과의 교류를 끊어버렸고, 이는 감옥에 있던 바울의 마음을 더욱 아프게 했을 것입니다.

나. 평소에는 바울과 함께 했던 사람들이 바울이 투옥되자 바울과의 관계를 끊은 이유는 무엇이었을까요?

다. 부겔로와 허모게네와는 반대로 바울이 투옥되었음에도 불구하고 끝까지 바울과 함께 한 사람의 이름은 무엇인가요? (16절 상반절)

라. 당시 바울은 어느 지역의 감옥에 갇혀 있었나요? (17절)

마. 오네시보로는 로마 감옥에 있던 바울에게 위로를 주었을 뿐만 아니라, 교회 봉사도 많이 했습니다. 오네시보로가 봉사한 교회가 있던 도시이자 바울과 디모데가 사역했던 이 도시의 이름은 무엇인가요? (18절)

오네시보로

디모데후서에서만 언급되는 인물입니다. 그는 로마에 거주하지 않았지만, 로마에 있을 때 투옥된 바울을 방문하여 위로하며 힘을 주었습니다. 그리고 그는 에베소 교회에서도 헌신한 인물임을 본문을 통해 알 수 있습니다.

2. 사역자의 자세 (딤후 2:1-13)

가. 바울은 디모데에게 복음을 전달하는 방식을 설명하고 있습니다. 이는 예수님이 열두 제자를 훈련시킨 제자훈련과 동일한 원리입니다. 본문을 읽고 복음의 전수 과정을 채워보세요. (2절)

※ 바울 → 디모데 → (   ) 사람들

나. 바울은 복음전도자를 병사에 비유하며 병사의 특징을 두 가지 들고 있습니다. 구절을 참고하여 이를 찾아서 적어보세요. (4절)

①

②

다. 당시 디모데는 바울처럼 복음전도에 따른 물질적인 보상을 거부하며 자비량 선교를 한 것으로 파악됩니다. 바울은 이러한 디모데에게 농부의 예를 들며 복음의 일꾼으로서 당연히 보상을 받을 수 있음도 권면하고 있습니다. 구절을 참고하여 괄호를 채워보세요. (6절)

"수고하는 (　　　　　)가 (　　　　　)을 먼저 받는 것이 마땅하니라"

라. 바울은 자신은 비록 감옥에 있다 할지라도 하나님의 말씀은 매이지 않았음을 서로 대조하여 강조하고 있습니다. 구절을 참고하여 괄호를 채워보세요. (9절)

"복음으로 말미암아 내가 죄인과 같이 (　　　　　) 데까지 고난을 받았으나 (　　　　　)은 매이지 아니하니라."

마. 바울은 자신이 감옥에 투옥되는 등 여러 가지 고난을 참으며 복음을 전하는 이유를 무엇이라고 말하고 있습니까? (10절)

심화 질문

1. 우리도 신앙생활을 하다가 어려움에 빠졌을 때, 누군가 우리 옆에서 격려해주며 용기를 준 사람이 있었나요?

2. 복음을 전하는 선교사님들이나 전도자들이 현장에서 겪을 수 있는 어려움은 어떤 것이 있을까요?

3. 우리가 하나님의 병사로서 살아갈 때에, 신앙생활을 방해하는, 우리를 '얽매이게 하는 것'은 어떤 것이 있을까요?

기도

1. 선교사님들과 복음 사역자들을 위한 기도.

2. 하나님 앞에서 복음 전도와 신앙생활에 방해가 되는 모든 얽매이는 것을 다 벗어버리게 하옵소서.

3과

진리에 관하여 그릇된 자들(딤후 2:14-26)

14너는 그들로 이 일을 기억하게 하여 말다툼을 하지 말라고 하나님 앞에서 엄히
명하라 이는 유익이 하나도 없고 도리어 듣는 자들을 망하게 함이라 15너는 진리
의 말씀을 옳게 분별하며 부끄러울 것이 없는 일꾼으로 인정된 자로 자신을 하
나님 앞에 드리기를 힘쓰라 16망령되고 헛된 말을 버리라 그들은 경건하지 아니
함에 점점 나아가나니 17그들의 말은 악성 종양이 퍼져나감과 같은데 그 중에 후
메내오와 빌레도가 있느니라 18진리에 관하여는 그들이 그릇되었도다 부활이 이
미 지나갔다 함으로 어떤 사람들의 믿음을 무너뜨리느니라 19그러나 하나님의
견고한 터는 섰으니 인침이 있어 일렀으되 주께서 자기 백성을 아신다 하며 또
주의 이름을 부르는 자마다 불의에서 떠날지어다 하였느니라 20큰 집에는 금 그
릇과 은 그릇뿐 아니라 나무 그릇과 질그릇도 있어 귀하게 쓰는 것도 있고 천하
게 쓰는 것도 있나니 21그러므로 누구든지 이런 것에서 자기를 깨끗하게 하면 귀
히 쓰는 그릇이 되어 거룩하고 주인의 쓰심에 합당하며 모든 선한 일에 준비함
이 되리라 22또한 너는 청년의 정욕을 피하고 주를 깨끗한 마음으로 부르는 자들
과 함께 의와 믿음과 사랑과 화평을 따르라 23어리석고 무식한 변론을 버리라 이
에서 다툼이 나는 줄 앎이라 24주의 종은 마땅히 다투지 아니하고 모든 사람에
대하여 온유하며 가르치기를 잘하며 참으며 25거역하는 자를 온유함으로 훈계
할지니 혹 하나님이 그들에게 회개함을 주사 진리를 알게 하실까 하며 26그들로
깨어 마귀의 올무에서 벗어나 하나님께 사로잡힌 바 되어 그 뜻을 따르게 하실
까 함이라

개요

디모데가 사역하던 교회에도 여러 문제가 있었습니다. 교회 가운데 잘못된 가르침을 전파하는 자들도 있었습니다. 바울은 이들에 대해 경고를 하며, 디모데가 하나님의 사역자로서 올바르게 서서 사역하기를 권면하고 있습니다.

주제 성구

"진리에 관하여는 그들이 그릇되었도다 부활이 이미 지나갔다 함으로 어떤 사람들의 믿음을 무너뜨리느니라"(딤후 2:18).

본문 관찰

1. 거짓 교사들 (딤후 2:14-19)

가. 디모데전서에서도 언급되었는데, 디모데가 사역하던 에베소 교회에는 이단 사상이 침투해 있었습니다(딤전 1:4, 1:7 참조). 사역자는 이런 잘못된 가르침, 이단 사상을 잘 분별하는 것도 중요합니다. 구절을 참고하여 괄호를 채워보세요.

"너는 (   )을 옳게 분별하며 부끄러울 것이 없는 일꾼으로 인정된 자로 자신을 하나님 앞에 드리기를 힘쓰라"(15절).

나. 바울은 당시 에베소 교회에 있던 대표적인 거짓 교사들의 이름을 언급하고 있습니다. 이 두 사람의 이름을 찾아 적어보세요. (17절)

후메내오와 빌레도

후메내오는 디모데전서 1장 20절에도 언급된 바울이 '사탄에게 내어준 자'라고 지칭한 대표적인 거짓 교사입니다. 빌레도에 대해서는 성경에서 알려진 바가 없습니다.

다. 이 거짓 교사들의 대표적인 거짓 가르침은 어떤 것이었습니까? (18절)

2. 귀히 쓰는 그릇 (딤후 2:20-26)

가. 바울은 하나님께 사용되는 일꾼을 무엇에 비유하고 있습니까? 그리고 몇 가지 종류를 언급하고 있나요? (20절)

나. 하나님이 사용하실 수 있는 그릇은 어떤 그릇입니까? (21절)

다. 디모데는 바울보다 훨씬 더 젊었던 것을 알 수 있습니다. 바울은 디모데를 아들이라 부르고 있고(1절), 청년이라고도 부르고 있습니다(22절). 바울은 젊은 디모데가 피해야 할 것은 무엇이며, 그 방법으로는 무엇을 제시하고 있습니까?

① 피해야 할 것(22절) :

② 피하는 방법(22절) :

라. 바울은 '어리석고 무식한 변론'을 피하라고 합니다. 교회에서 이런 변론이 일어나면 무엇이 발생할 것을 경고하고 있나요? (23절)

"어리석고(foolish) 무식한(stupid) 변론"

교회에서는 어리석고 무식한 변론이나 논쟁은 삼가야 합니다. 어리석고 무식한 변론은 문맥상 성경에서 벗어나는 이단적인 사상이나 가르침을 말합니다. 성경은 이단에 속한 자들은 한두 번 훈계한 후 멀리하라고 말씀합니다(딛 3:10). 이들과의 계속적인 대화는 오히려 교회에 혼란을 가져올 수 있기 때문입니다. 이단 사상뿐만 아니라, 교회에서의 비본질적인 것에 대한 지나친 논쟁과 관심은 교회에 문제를 발생시킬 수 있음을 알고, 우리는 주의해야 합니다.

마. 바울은 목회자인 디모데에게 주의 종으로서의 자세를 언급하고 있습니다. 본문에서 언급된 주의 종의 다섯 가지 자세를 찾아 적어보세요. (24-25절)

①

②

③

④

⑤

바. 바울은 '거역하는 자'에 대해서 온유함으로 훈계할 것을 권면하고 있습니다. 그 이유는 무엇입니까? (25-26절)

심화 질문

1. 오늘날 우리 한국교회를 어지럽히는 이단적인 사상은 어떤 것들이 있을까요?

2. 하나님의 그릇으로 사용되기 위하여 내가 하나님 앞에서 깨끗하게 정리해야 할 것들은 어떤 것이 있을까요?

3. 오늘날 교회의 지도자로서 필요한 덕목들이 무엇이라고 생각하나요?

기도

1. 우리 안에 잘못된 이단 사상들이 발을 못 붙이게 하옵소서.

2. 우리가 깨끗케 되어 하나님이 사용하시는 귀한 그릇이 되게 하옵소서.

3. 교회의 지도자들을 위한 기도.

4과

말세를 살아가는 자들에게(딤후 3:1-13)

1너는 이것을 알라 말세에 고통하는 때가 이르러 2사람들이 자기를 사랑하며 돈
을 사랑하며 자랑하며 교만하며 비방하며 부모를 거역하며 감사하지 아니하며
거룩하지 아니하며 3무정하며 원통함을 풀지 아니하며 모함하며 절제하지 못
하며 사나우며 선한 것을 좋아하지 아니하며 4배신하며 조급하며 자만하며 쾌
락을 사랑하기를 하나님 사랑하는 것보다 더하며 5경건의 모양은 있으나 경건
의 능력은 부인하니 이같은 자들에게서 네가 돌아서라 6그들 중에 남의 집에 가
만히 들어가 어리석은 여자를 유인하는 자들이 있으니 그 여자는 죄를 중히 지
고 여러 가지 욕심에 끌린 바 되어 7항상 배우나 끝내 진리의 지식에 이를 수 없
느니라 8얀네와 얌브레가 모세를 대적한 것 같이 그들도 진리를 대적하니 이 사
람들은 그 마음이 부패한 자요 믿음에 관하여는 버림 받은 자들이라 9그러나 그
들이 더 나아가지 못할 것은 저 두 사람이 된 것과 같이 그들의 어리석음이 드러
날 것임이라 10나의 교훈과 행실과 의향과 믿음과 오래 참음과 사랑과 인내와 11
박해를 받음과 고난과 또한 안디옥과 이고니온과 루스드라에서 당한 일과 어떠
한 박해를 받은 것을 네가 과연 보고 알았거니와 주께서 이 모든 것 가운데서 나
를 건지셨느니라 12무릇 그리스도 예수 안에서 경건하게 살고자 하는 자는 박해
를 받으리라 13악한 사람들과 속이는 자들은 더욱 악하여져서 속이기도 하고 속
기도 하나니

개요

바울을 비롯한 초대교회 교인들은 주님이 곧 오실 것으로 생각하며 신앙생활을 했습니다. 4과의 내용은 이러한 말세 의식을 가지고 살아가는 당시의 교인들에게 주는 말씀으로, 오늘날을 살아가는 우리에게도 좋은 적용점들을 주고 있습니다.

주제 성구

"무릇 그리스도 예수 안에서 경건하게 살고자 하는 자는 박해를 받으리라"(딤후 3:12).

본문 관찰

1. 말세의 모습들 (딤후 3:1-4)

가. 바울은 말세의 가장 특징적인 모습으로 '사람들의 두 가지 것에 대한 사랑'을 말하고 있습니다. 말세에 사람들이 가장 사랑하는 이 두 가지를 본문에서 찾아 적어보세요. (2절 상반절)

①

②

나. 3절에 나타난 말세의 특징을 찾아 괄호를 채워보세요.

“무정하며 (　　　　)을 풀지 아니하며 모함하며 (　　　)
하지 못하며 사나우며 (　　　) 것을 좋아하지 아니하며.”

2. 경건하게 살라 (딤후 3:5-13)

가. 바울은 당시 외형적이고 가식적인 유대적인 율법주의의 문제점을 지적하고 있습니다. 즉 신앙의 내용과 내적인 믿음보다 보이는 형식에만 치우치는 당시 사람들을 비판하고 있습니다. 구절을 참고하여 괄호를 채워보세요. (5절)

“경건의 (　　　　)은 있으나 경건의 (　　　　)은 부인하니
이 같은 자들에게서 네가 돌아서라.”

나. 바울은 ‘남의 집에 가만히 들어가 어리석은 여자를 유인하는 자들’(6절)인 거짓 교사를 구약성경의 두 사람, 누구와 비교하고 있나요? (8절)

얀네와 얌브레

얀네와 얌브레는 출애굽 당시 모세가 바로 앞에서 이적을 행할 때, 모세에 대응하여 이적을 행하던 애굽의 요술사들입니다(출 7:11·22, 8:7·18). 출애굽기에서는 이들의 이름이 직접 언급되고 있지 않지만, 이들의 이름이 출애굽기 이후에 기록된 유대인의 문서인 요나단의 탈굼이나 외경에서, 그리고 초기 기독교 문헌에서는 자주 언급된다고 합니다.

다. 바울은 그가 1차 전도 여행할 때 다녔던 도시들을 언급하고 있습니다. 바울이 핍박을 받았던 세 도시의 이름을 찾아 적어보세요. (11절)

비시디아 안디옥, 이고니온, 루스드라 (지도 참조)

바울이 1차 전도 여행 때 다녔던 비시디아 지역의 도시들로(행 13:14–14:23), 루스드라는 디모데의 고향이기도 합니다. 안디옥은 수리아 안디옥이 아닌 비시디아 안디옥으로 이곳에서 많은 개종자들을 얻었으나 유대인의 박해로 쫓겨났으며, 이고니온에서는 바울 일행을 돌로 치려 해서 도망쳐 나왔고, 루스드라에서는 결국 바울이 돌에 맞아 기절했습니다.

라. 바울은 말세에 복음을 전하는 것이 쉽지 않은 일임을 말씀하고 있습니다. 구절을 참고하여 괄호를 채워보세요. (12절)

"무릇 그리스도 예수 안에서 경건하게 살고자 하는 자는
(　　　　)를 받으리라."

심화 질문

1. 우리는 늘 말세의식을 가지고 살아가야 하는데, 오늘날 보이는 말세의 징조들은 어떤 것들이 있을까요?

2. 말세를 살아가는 우리에게 필요한 자세는 어떠한 것이 있을까요?

기도

1. 말세의 징조를 분별하는 눈을 우리에게 주옵소서.

2. 늘 주님의 재림을 준비하며 살아가게 하옵소서.

5과

성경의 유익과 복음 전파 권면(딤후 3:14-4:5)

14그러나 너는 배우고 확신한 일에 거하라 너는 네가 누구에게서 배운 것을 알며
15또 어려서부터 성경을 알았나니 성경은 능히 너로 하여금 그리스도 예수 안에
있는 믿음으로 말미암아 구원에 이르는 지혜가 있게 하느니라 16모든 성경은 하
나님의 감동으로 된 것으로 교훈과 책망과 바르게 함과 의로 교육하기에 유익하
니 17이는 하나님의 사람으로 온전하게 하며 모든 선한 일을 행할 능력을 갖추
게 하려 함이라
1하나님 앞과 살아 있는 자와 죽은 자를 심판하실 그리스도 예수 앞에서 그가
나타나실 것과 그의 나라를 두고 엄히 명하노니 2너는 말씀을 전파하라 때를 얻
든지 못 얻든지 항상 힘쓰라 범사에 오래 참음과 가르침으로 경책하며 경계하며
권하라 3때가 이르리니 사람이 바른 교훈을 받지 아니하며 귀가 가려워서 자기
의 사욕을 따를 스승을 많이 두고 4또 그 귀를 진리에서 돌이켜 허탄한 이야기를
따르리라 5그러나 너는 모든 일에 신중하여 고난을 받으며 전도자의 일을 하며
네 직무를 다하라

개요

초대교회 이단 사상이 난무하는 가운데 바울은 디모데에게 배우고 확신하는 일에 거하라고 권면하고 있습니다. 그리고 확신은 성경에서 오는 것임을 상기시키며 성경의 중요성을 말하고, 다시 한번 어려움은 있지만, 복음을 전파할 것을 당부하고 있습니다.

주제 성구

"또 어려서부터 성경을 알았나니 성경은 능히 너로 하여금 그리스도 예수 안에 있는 믿음으로 말미암아 구원에 이르는 지혜가 있게 하느니라"(딤후 3:15).

본문 관찰

1. 성경의 유익 (딤후 3:14-17)

가. 바울은 초대교회 안에 이단 사상들이 들어와 교인들을 미혹하던 그 당시, 디모데에게 믿음이 흔들리지 말 것을 권면하고 있습니다. 그리고 디모데가 어려서부터 알았던 '이것'을 통해 굳건한 믿음에 설 것을 권면하고 있습니다. 디모데가 어렸을 때부터 알았던 '이것'은 무엇인가요? (15절)

나. 바울은 성경의 여러 가지 유익을 말하고 있습니다. 본문 15절에 나타난 성경의 유익은 무엇인가요?

다. 성경은 총 66권으로 이루어진 책이며 다양한 저자들이 있습니다. 한편 바울은 인간 저자가 아닌, 진정한 성경의 저자는 따로 있다고 말합니다. 바울은 모든 성경이 무엇에 의해 기록되었다고 하나요? (16절)

하나님의 감동

문자적으로는 "하나님에 의해 영감을 받은"이라는 뜻으로, 성경의 저자는 모세, 다윗, 사도들, 바울 등 다양한 인간들이지만 이들이 자신의 생각으로 성경을 기록한 것이 아니라, 하나님께서 이들에게 영감을 주셔서 이들이 영감으로 기록한 것임을 말하는 것입니다. 그러므로 성경은 하나님의 말씀이요, 하나님이 우리에게 주시는 책이 됩니다.

라. 성경은 구원에 이르는 지혜를 우리에게 줄 뿐만 아니라, 우리의 믿음을 성장시키는 책이기도 합니다. 신앙교육을 위한 책으로서의 성경의 유익을 괄호를 채우며 살펴보세요. (16절)

"모든 성경은 하나님의 감동으로 된 것으로 (　　　　)과 (　　　　)과 바르게 함과 (　　　　)로 교육하기에 유익하니."

마. 성경은 우리에게 구원을 제시하고 우리를 교육시키며, 그리하여 결국 우리를 온전한 사람으로 세웁니다. 구절을 참고하여 괄호를 채워보세요. (17절)

"이는 하나님의 사람으로 (　　　　　)하게 하며 모든 선한 일을 (　　　　　) 능력을 갖추게 하려 함이라."

2. 복음 전파 권면 (딤후 4:1-5)

가. 바울은 디모데에게 말씀을 전파할 것을 명령하고 있습니다. 초대교회 당시 바울의 투옥 등 여러 가지 어려움이 있었는데, 이에 바울은 언제 말씀을 전해야 한다고 이야기하고 있습니까? (2절 상반절)

"때를 얻든지 못 얻든지"

이 말씀의 원어적인 의미는 '계절이거나(in season), 계절이 아니거나(out of season)'입니다. 모든 과목(果木)은 열매가 기대되는 때(season)가 있습니다. 그러나 바울은 복음 전파에 있어서는 계절이 없음을 말하고 있습니다. 복음은 열매가 기대되는 시절이든, 심지어 열매를 기대할 수 없는 어려운 시절이든 늘 전해야 합니다.

나. 바울은 복음 전파자의 다섯 가지 자세를 말하고 있습니다. 괄호를 채워보세요. (2절 하반절)

"…범사에 (　　　　　　)과 가르침으로 (　　　　[1])하며 (　　　　)하며 (　　　　)하라."

1) 경책: "정신을 차리도록 꾸짖다"라는 뜻으로 사람들이 회개할 수 있도록 잘못에 대해서 호되게 책망한다는 의미이다. 이어지는 '경계'와 비슷한 뜻이다.

다. 바울은 다시 한번 말세의 때에 대해서 이야기를 합니다. 4장 3-4절에 나타난 말세의 세 가지 모습을 찾아 적어보세요.

①

②

③

라. 바울은 디모데에게 마지막으로 복음 전파를 명령하면서, 복음 전파는 쉽지 않으므로 디모데도 이미 감옥에 투옥된 자신처럼 무엇을 받으라고 말하고 있습니까? (5절)

심화 질문

1. 성경이 왜 나의 신앙생활에 중요할까요? 그리고 성경은 나의 신앙생활에 어떤 유익을 주고 있을까요?

2. 성경의 기록자는 사람인데, 왜 하나님이 성경의 저자라고 할까요?

3. 혹시 내가 전도하는 것이 지금은 불가능하다고 생각한 사람이 있었나요? 5과를 돌아보며 이에 대한 나의 생각이 어떻게 바뀌어야

할까요?

기도

1. 성경 말씀에 기초한 신앙이 되게 하옵소서.

2. 복음을 가치 있게 여기고, 때를 얻든지 못 얻든지 항상 전하게 하옵소서.

6과

예비된 의의 면류관(딤후 4:6-22)

6전제와 같이 내가 벌써 부어지고 나의 떠날 시각이 가까웠도다 7나는 선한 싸움을
싸우고 나의 달려갈 길을 마치고 믿음을 지켰으니 8이제 후로는 나를 위하여 의의 면
류관이 예비되었으므로 주 곧 의로우신 재판장이 그 날에 내게 주실 것이며 내게만
아니라 주의 나타나심을 사모하는 모든 자에게도니라 9너는 어서 속히 내게로 오라
10데마는 이 세상을 사랑하여 나를 버리고 데살로니가로 갔고 그레스게는 갈라디아
로, 디도는 달마디아로 갔고 11누가만 나와 함께 있느니라 네가 올 때에 마가를 데리
고 오라 그가 나의 일에 유익하니라 12두기고는 에베소로 보내었노라 13네가 올 때에
내가 드로아 가보의 집에 둔 겉옷을 가지고 오고 또 책은 특별히 가죽 종이에 쓴 것
을 가져오라 14구리 세공업자 알렉산더가 내게 해를 많이 입혔으매 주께서 그 행한
대로 그에게 갚으시리니 15너도 그를 주의하라 그가 우리 말을 심히 대적하였느니라
16내가 처음 변명할 때에 나와 함께 한 자가 하나도 없고 다 나를 버렸으나 그들에게
허물을 돌리지 않기를 원하노라 17주께서 내 곁에 서서 나에게 힘을 주심은 나로 말
미암아 선포된 말씀이 온전히 전파되어 모든 이방인이 듣게 하려 하심이니 내가 사
자의 입에서 건짐을 받았느니라 18주께서 나를 모든 악한 일에서 건져내시고 또 그
의 천국에 들어가도록 구원하시리니 그에게 영광이 세세무궁토록 있을지어다 아멘
19브리스가와 아굴라와 및 오네시보로의 집에 문안하라 20에라스도는 고린도에 머
물러 있고 드로비모는 병들어서 밀레도에 두었노니 21너는 겨울 전에 어서 오라 으불
로와 부데와 리노와 글라우디아와 모든 형제가 다 네게 문안하느니라 22나는 주께서
네 심령에 함께 계시기를 바라노니 은혜가 너희와 함께 있을지어다

개요

6과는 디모데후서의 마지막 인사 부분입니다. 이제 자신의 순교를 직감한 바울은 디모데에게 개인적인 부탁도 하고 주변 사람의 상황도 전하며 편지를 끝맺고 있습니다.

주제 성구

"이제 후로는 나를 위하여 의의 면류관이 예비 되었으므로 주 곧 의로우신 재판장이 그날에 내게 주실 것이며 내게만 아니라 주의 나타나심을 사모하는 모든 자에게도니라"(딤후 4:8).

본문 관찰

1. 순교를 앞둔 바울 (딤후 4:6-8)

가. 바울은 이제 자신의 죽음을 직감하고 자신을 제사의 무엇에 비유하고 있습니까? (6절)

전제(drinking offering)

전제는 제단 위에 드려진 제물 위에 붓는 포도주입니다. 전제의 행위는 희생제사의 마지막 의식으로서, 바울 자신의 희생적인 순교를 상징하고 있습니다.

나. 바울은 자신의 치열했던 믿음의 여정을 요약하고 있습니다. 구절을 참고하여 괄호를 채워보세요. (7절)

"나는 선한 ( )을 싸우고 나의 달려갈 ( )을 마치고 ( )을 지켰으니."

다. 바울은 복음을 전하면서 많은 고난을 당했습니다. 이제 죽음을 앞둔 바울은 재판장이신 하나님께서 자신에게 무엇을 주실 것이라고 말하고 있습니까? (8절)

2. 바울의 개인적인 부탁과 끝인사 (딤후 4:9-22)

가. 감옥에 투옥된 바울은 다른 동역자들에게도 버림을 받아 고독을 느꼈을 것입니다. 바울은 사랑하는 디모데에게 '속히' 자신에게 오라고 말씀하고 있습니다. 바울이 언급한 세상을 사랑하여 데살로니가로 간 사람은 누구였나요? (10절 상반절)

데마

데마는 바울 사역 초기에 함께 바울과 활동했던 동역자였습니다(골 4:14; 몬 1:24). 그러나 바울과 함께한 고된 전도 여행과 바울의 투옥 등으로 인해 결국 실족하고 세상을 사랑하여 당시 그리스 북부 항구 도시였던 데살로니가로 가버렸습니다.

나. 바울은 당시 자신과 함께 복음을 전하던 동역자들의 근황을 디모데에게 이야기하고 있습니다. 구절을 참고하여 괄호를 채워보세요. (10절 하반절)

"… (   )는 갈라디아로, (   )는 달마디아로 갔고."

그레스게와 디도

그레스게는 성경에서 이곳에서만 언급이 되고 있습니다. 그에 대해서 잘 알려진 것은 없습니다. 디도는 이어지는 디도서의 수신자로서 바울의 사랑하는 후배 동역자였습니다. 그레스게와 디도는 데마와는 달리 사역을 위해 바울이 각각 갈라디아와 달마디아로 보냈다고 알려져 있습니다.

다. 당시 감옥에 갇힌 바울을 돌보고 있던 사람은 누구였나요? 그리고 바울은 디모데에게 자신을 만나러 올 때 누구를 데리고 오라고 부탁을 하고 있나요? (11절)

① 바울을 돌본 사람 :

② 디모데에게 데리고 오라고 부탁한 사람 :

누가와 마가

누가는 바울의 2차 전도여행 때부터 바울과 동행한 인물이자 누가복음과 사도행전을 기록한 저자기이도 합니다. 그는 의사로서 바울의 전도 여행에 자주 동행했으며, 로마 감옥에 바울이 있던 당시에도 끝까지 바울을 돌봤던 사람입니다.
마가는 바나바의 생질로 바울의 1차 전도여행 중도에 예루살렘으로 돌아갔던 인물입니다. 이 일로 바울은 2차 전도여행 때 인내심 없는 마가는 두고, 실라와 동행했습니다. 그러나 이제 죽음을 앞 둔 바울은 이 모든 것을 다 용서하고 마가를 초청하고 있는 것입니다.

라. 구절을 참고하여 괄호를 채워보세요. (12-13절)

"(　　　　)는 에베소로 보내었노라 네가 올 때에 내가 드로아 (　　　)의 집에 둔 겉옷을 가지고 오고 또 책은 특별히 가죽 종이에 쓴 것을 가져오라."

두기고와 가보

두기고는 바울의 편지에 자주 등장하는 바울의 충실한 동역자입니다(행 20:4; 엡 6:21 등). 디모데가 로마로 오기에 디모데를 대신하여 에베소로 보내진 것으로 보입니다.
드로아의 가보라는 인물에 대해서는 알려진 바가 없습니다. 바울은 추운 겨울을 보내기 위해 가보의 집에 있던 자신의 겉옷을 가져올 것을 부탁하고 있습니다.

마. 바울이 자신에게 해를 많이 입혔다고 구체적으로 언급하고 있는 사람은 누구인가요? (14절)

알렉산더

구리 세공업자 알렉산더는 디모데전서 1장 20절의 알렉산더와 동일 인물로 추정이 되며, 그는 신앙을 가졌다가 배교한 이단자였습니다. 그리고 바울에 대해 대적했던 자입니다.

바. 바울은 자신이 재판을 받을 때 주변에 아무도 없었지만, 누가 그의 곁에 서서 힘을 주셨다고 고백하고 있나요? (16–17절)

사. 바울과 고린도에서 만나 함께 사역을 했던 믿음의 부부의 이름은 무엇인가요? (19절, 행 18:1–3 참조)

아. 구절을 참고하여 괄호를 채워보세요. (20절)

"(   )는 고린도에 머물러 있고 드로비모는 병들어서 (   )에 두었노니."

에라스도와 드로비모

에라스도는 디모데와 함께 에베소에서 마게도냐로 파송이 되었던 바울의 동역자입니다(행 19:22). 드로비모는 에베소 출신으로 역시 바울과 함께 사역하던 인물입니다(행 20:4, 21:29).

자. 구절을 참고하여 괄호를 채워보세요. (21절)

"너는 (   ) 전에 어서 오라 으불로와 (   )와 (   )와 글라우디아와 모든 형제가 다 네게 문안하느니라."

으불로, 부데, 리노, 글라우디아

모두 로마 교회의 교인들로 이 가운데 리노는 교회 전승에 의하면, 베드로의 뒤를 이어 로마 교회의 감독이 되었다고 합니다. 나머지 으불로, 부데, 글라우디아에 대해서는 본문 외에 알려진 바가 없습니다.

심화 질문

1. 바울은 주변의 사람들이 하나둘씩 떠나자 인간적으로 외로움을 느꼈을 것입니다. 그러나 누가나 디모데 같이 어려운 상황 속에서도 끝까지 함께 한 동역자들을 통해서 힘을 얻었을 것입니다. 나도 누군가가 어려워할 때 그 사람에게 힘을 주고 격려해서 그 사람이 회복된 경험이 있나요?

2. 본문 16절, 17절 고백을 볼 때, 결국 바울이 끝까지 버틸 수 있었던 것은 주님의 도우심이었습니다. 나도 이처럼 외로운 상황에서 주를 의지하여 어려움을 극복한 적이 있었나요?

기도

1. 어려움에 처한 주변 교우들을 위한 기도.

2. 다짐의 기도 : 고난이 있더라도 끝까지 주님을 붙들게 하옵소서.

7과

내가 너를 그레데에 남겨둔 이유는(딛 1장)

1하나님의 종이요 예수 그리스도의 사도인 나 바울이 사도 된 것은 하나님이 택
하신 자들의 믿음과 경건함에 속한 진리의 지식과 2영생의 소망을 위함이라 이
영생은 거짓이 없으신 하나님이 영원 전부터 약속하신 것인데 3자기 때에 자기
의 말씀을 전도로 나타내셨으니 이 전도는 우리 구주 하나님이 명하신 대로 내
게 맡기신 것이라 4같은 믿음을 따라 나의 참 아들 된 디도에게 편지하노니 하
나님 아버지와 그리스도 예수 우리 구주로부터 은혜와 평강이 네게 있을지어다
5내가 너를 그레데에 남겨 둔 이유는 남은 일을 정리하고 내가 명한 대로 각 성
에 장로들을 세우게 하려 함이니 6책망할 것이 없고 한 아내의 남편이며 방탕하
다는 비난을 받거나 불순종하는 일이 없는 믿는 자녀를 둔 자라야 할지라 7감독
은 하나님의 청지기로서 책망할 것이 없고 제 고집대로 하지 아니하며 급히 분
내지 아니하며 술을 즐기지 아니하며 구타하지 아니하며 더러운 이득을 탐하지
아니하며 8오직 나그네를 대접하며 선행을 좋아하며 신중하며 의로우며 거룩하
며 절제하며 9미쁜 말씀의 가르침을 그대로 지켜야 하리니 이는 능히 바른 교훈
으로 권면하고 거슬러 말하는 자들을 책망하게 하려 함이라 10불순종하고 헛된
말을 하며 속이는 자가 많은 중 할례파 가운데 특히 그러하니 11그들의 입을 막
을 것이라 이런 자들이 더러운 이득을 취하려고 마땅하지 아니한 것을 가르쳐
가정들을 온통 무너뜨리는도다 12그레데인 중의 어떤 선지자가 말하되 그레데인
들은 항상 거짓말쟁이며 악한 짐승이며 배만 위하는 게으름뱅이라 하니 13이 증
언이 참되도다 그러므로 네가 그들을 엄히 꾸짖으라 이는 그들로 하여금 믿음을

온전하게 하고 [14]유대인의 허탄한 이야기와 진리를 배반하는 사람들의 명령을 따르지 않게 하려 함이라 [15]깨끗한 자들에게는 모든 것이 깨끗하나 더럽고 믿지 아니하는 자들에게는 아무 것도 깨끗한 것이 없고 오직 그들의 마음과 양심이 더러운지라 [16]그들이 하나님을 시인하나 행위로는 부인하니 가증한 자요 복종하지 아니하는 자요 모든 선한 일을 버리는 자니라

개요

디도서 1장은 바울의 인사말을 시작으로 바울이 디도를 그레데 섬에 남겨 둔 이유를 말하고 있습니다. 디도의 임무는 그레데 각 성의 교회에 장로를 세워 그레데의 교회를 안정시키는 것이었습니다. 초대교회 당시 다른 교회와 마찬가지로 그레데 교회에도 거짓 교사들이 들어왔고, 그에 대한 경계를 바울은 디도에게 말씀하고 있습니다.

주제 성구

"내가 너를 그레데에 남겨 둔 이유는 남은 일을 정리하고 내가 명한 대로 각 성에 장로들을 세우게 하려 함이니"(1:5).

본문 관찰

1. 인사말 (딛 1:1-4)

가. 바울은 다메섹 도상에서 주님을 만나 회심하게 되었습니다. 바울은 그 당시 하나님께서 자신에게 명령하시고 맡긴 사명이 무엇이라고 말하나요? (3절)

나. 바울은 디도를 무엇이라고 부르고 있습니까? 이는 바울이 디모데를 부르던 동일한 호칭으로(딤전 1:2), 바울이 디도를 동역자이지만, 가족처럼 생각하고 있었다는 것을 알 수 있는 호칭입니다. (4절)

2. 디도에게 주어진 임무 (딛 1:5-9)

가. 당시 디도가 있던 장소의 이름은 무엇인가요? (5절)

그레데 섬(지도 참조)

그레데(크레타)는 그리스 남동쪽 약 100km에 위치한 큰 섬으로, 유럽과 소아시아를 잇는 무역과 교통, 군사 요충지로 크레타 문명의 발상지. 구약에서는 갑돌로 불렸으며, 블레셋 민족의 고향으로 추정되는 곳(암 9:7)입니다. 항구 도시들이 발달했으며 많은 상선들이 오고 갔으므로, 고린도처럼 향락과 사치가 범람했던 곳입니다. 바울은 이 섬의 교회들을 목회하도록 디도를 그레데에 남겼던 것입니다.

나. 바울은 그레데에서 디도와 사역을 하다가 자신은 떠나면서 그레데에 디도를 남겨두었습니다. 바울이 디도를 그레데에 남겨 둔 이유 두 가지를 본문에서 찾아 적어보세요. (5절)

①

②

"남은 일을 정리하고"

'정리하고'는 헬라어로 '에피디오르쏘오'인데 이는 '바로 잡다'라는 뜻입니다. 즉 본문의 내용을 볼 때, 이미 그레데에도 이단사설이 들어와 있었고, 바울은 디도에게 이런 잘못된 가르침이 교회 내에 발붙이지 못하도록 임무를 주고 있는 것입니다.

다. 바울은 당시 그레데 교회의 안정과 발전을 위해 장로(감독)를 세울 것을 디도에게 명령하고 있는데, 6절에 나타난 장로의 자격 세 가지를 찾아 적어보세요.

①

②

③

“한 아내의 남편”

바울이 살던 당시 로마 시대에는 부인 외에 첩을 두는 경우도 많았습니다. 그리하여 아내가 하나가 아니라 다수인 경우도 있었습니다. 심지어 아내를 두고 외도를 일삼는 사람들도 있었습니다. 바울은 이런 의미에서 교회의 장로가 될 사람은 성적으로 정결한 사람, 당시 풍조에 휩쓸리지 아니하고 한 아내만 사랑하는 사람일 것을 강조하고 있는 것입니다.

라. 이어지는 7–8절에도 감독(장로)의 자격을 말씀하고 있습니다. 구절을 참고하여 괄호를 채워보세요.

“감독은 하나님의 청지기로서 (   )할 것이 없고 제 (   )대로 하지 아니하며 급히 (   ) 아니하며 (   )을 즐기지 아니하며 (   )하지 아니하며 더러운 이득을 탐하지 아니하며” (7절).

마. 바울은 장로들이 말씀의 가르침을 그대로 지켜 행해야 하는 이유가 무엇이라고 말하고 있습니까? (9절)

3. 그레데 교회에 들어온 거짓 교사들 (딛 1:10–16)

가. 당시 그레데 교회에 여러 잘못된 가르침들이 들어왔는데 바울은 구

체적으로 어떤 집단을 언급하고 있으며(10절), 이들의 궁극적인 목적은 무엇이라고 말씀하고 있나요? (11절)

① 집단의 이름 :

② 이들의 목적 :

할례파

할례파는 유대인들 가운데 기독교로 개종한 자들로, 할례를 비롯한 구약 유대 율법을 강조함으로 복음의 빛을 흐리게 했던 자들입니다.

나. 바울은 당시 그레데인의 좋지 않는 특징들을 이전의 한 그레데 선지자(철학자)의 말을 통해 비판하고 있습니다. 당시 디도의 선교 대상이었던 그레데인들의 특징을 묘사하는 세 가지를 찾아 적어보세요. (12절)

①

②

③

심화 질문

1. 바울에게 사명을 주신 것처럼, 하나님은 우리 각자에게도 사명을 주셨습니다. 하나님께서 지금 나에게 주신 사명은 무엇일까요? 각자의 사명을 적어보세요.(개인, 가정, 일터, 교회 등에서)

2. 본문에서 언급되고 있는 장로(리더)의 자격 중에(6-9절) 내게 부족한 것이 있다면 어떤 것들이 있는지 찾아서 적어보세요.

3. 현재 내가 속한 모임(교회)을 무너뜨리는 나쁜 요소들이 있다면, 그것이 무엇이며, 어떻게 그런 잘못된 것들을 극복할 수 있을까요?

기도

1. 하나님이 저에게 주신 사명을 발견하고, 그 사명을 잘 감당하게 하옵소서.

2. 좋은 리더의 자질을 쌓아 하나님이 사용하시는 그릇이 되게 하옵소서.

3. 우리 모임(교회)을 어지럽히는 비성경적인 요소들을 다 제거하여 주옵소서.

8과

교회의 다양한 구성원들에 대한 권면(딛 2:1-3:1)

1오직 너는 바른 교훈에 합당한 것을 말하여 2늙은 남자로는 절제하며 경건하며
신중하며 믿음과 사랑과 인내함에 온전하게 하고 3늙은 여자로는 이와 같이 행실
이 거룩하며 모함하지 말며 많은 술의 종이 되지 아니하며 선한 것을 가르치는 자
들이 되고 4그들로 젊은 여자들을 교훈하되 그 남편과 자녀를 사랑하며 5신중하며
순전하며 집안 일을 하며 선하며 자기 남편에게 복종하게 하라 이는 하나님의 말
씀이 비방을 받지 않게 하려 함이라 6너는 이와 같이 젊은 남자들을 신중하도록 권
면하되 7범사에 네 자신이 선한 일의 본을 보이며 교훈에 부패하지 아니함과 단정
함과 8책망할 것이 없는 바른 말을 하게 하라 이는 대적하는 자로 하여금 부끄러워
우리를 악하다 할 것이 없게 하려 함이라 9종들은 자기 상전들에게 범사에 순종하
여 기쁘게 하고 거슬러 말하지 말며 10훔치지 말고 오히려 모든 참된 신실성을 나
타내게 하라 이는 범사에 우리 구주 하나님의 교훈을 빛나게 하려 함이라 11모든
사람에게 구원을 주시는 하나님의 은혜가 나타나 12우리를 양육하시되 경건하지
않은 것과 이 세상 정욕을 다 버리고 신중함과 의로움과 경건함으로 이 세상에 살
고 13복스러운 소망과 우리의 크신 하나님 구주 예수 그리스도의 영광이 나타나심
을 기다리게 하셨으니 14그가 우리를 대신하여 자신을 주심은 모든 불법에서 우리
를 속량하시고 우리를 깨끗하게 하사 선한 일을 열심히 하는 자기 백성이 되게 하
려 하심이라 15너는 이것을 말하고 권면하며 모든 권위로 책망하여 누구에게서든
지 업신여김을 받지 말라
1너는 그들로 하여금 통치자들과 권세 잡은 자들에게 복종하며 순종하며 모든 선
한 일 행하기를 준비하게 하며

개요

디도가 사역하던 그레데의 교회들은 다양한 사람들로 구성되어 있습니다. 바울은 젊은 디도가 각각 다른 교회, 다양한 계층의 사람들에 대해 어떻게 목회할 것인지 짧게 조언을 하고 있습니다.

주제 성구

"너는 이것을 말하고 권면하며 모든 권위로 책망하여 누구에게서든지 업신여김을 받지 말라"(2:15).

본문 관찰

1. 교회의 다양한 연령층과 성별에 따른 목회 권면 (딛 2:1-8)

가. 바울은 본문에서 나이와 성별에 따른 네 계층을 언급하고 있습니다. 구절을 참고하여 이 네 계층을 찾아 적어보세요. (2-6절)

①

②

③

④

나. 바울은 디도가 '늙은 남자'들을 잘 가르칠 것을 말씀하고 있습니다. 늙은 남자들에게 가르쳐 그들이 구비해야 할 덕목들을 본문에서 찾아 괄호를 채워보세요. (2절)

"늙은 남자로는 (   )하며 (   )하며 (   )하며 (   )과 (   )과 (   )에 온전하게 하고."

다. "늙은 여자"들에게 권면하는 내용을 본문에서 찾아 괄호를 채워보세요. (3절)

"늙은 여자로는 이와 같이 행실이 (   )하며 (   )하지 말며 많은 (   )의 종이 되지 아니하며 (   )을 가르치는 자들이 되고."

"술의 종이 되지 아니하며"

고대에는 포도주가 유일한 음료였기 때문에 술에 취하기가 쉬웠습니다. 술에 취하면 여러 실수를 하게 되고 덕이 되지 못했습니다. 특히 그레데의 늙은 여자들 가운데 이런 과한 음주 문화가 있었던 것 같고, 바울은 이를 경계했습니다.

라. 바울은 '늙은 여자'들이 '젊은 여자'들을 가르칠 것을 권면하고 있습

니다. '젊은 여자'들에게 필요한 덕목을 본문에서 찾아 괄호에 채워 보세요. (4-5상반절)

"그들로 젊은 여자들을 교훈하되 그 (　　　　　)를 사랑하며 (　　　　)하며 순전하며 집안 일을 하며 선하며 자기 (　　　)에게 복종하게 하라."

마. '젊은 남자'들이 갖추어야 신앙적인 덕목은 무엇입니까? (6절)

바. 바울은 디도에게 먼저 행실의 모범을 보이라고 권면하고 있습니다 (7절). 바울은 디도가 그렇게 모범을 보여야 하는 이유가 무엇이라고 말하고 있습니까? (8절 하반절)

2. 교회의 다양한 사회 계층들 (딛 2:9-3:1)

가. 바울 당시 로마제국이 세계를 지배하고 있었고, 노예 제도는 사회 운영의 근간을 이루는 제도였습니다. 초대교회에서는 노예들(종들)도 교회의 구성원으로 들어오게 되었는데, 바울은 노예들에게 몇 가지 권면의 말을 하고 있습니다. 이 권면의 내용과 그 이유도 찾아서 적어보세요. (9-10절)

① 노예들(종들)에 대한 권면 (9-10절 상반절) :

② 이러한 권면의 이유 (10절 하반절) :

나. 바울이 디도서에서 밝히고 있는 하나님의 구원의 목적 세 가지를 본문에서 찾아 적어보세요. (14절)

①

②

③

다. 바울은 디도에게 교회의 목회자(리더)로서 행해야 할 것을 말하고 있습니다. 구절을 참고하여 괄호를 채워보세요. (15절)

"너는 이것을 말하고 ( )하며 모든 권위로 ( ) 하여 누구에게서든지 업신여김을 받지 말라."

라. 당시 세속 정치의 통치는 로마제국에 의해 이루어지고 있었습니다. 이 세속 권력에 대한 당시 그리스도인들의 자세에 대하여 바울은 어떻게 권면하고 있습니까? (딛 3:1)

심화 질문

1. 오늘날 우리가 속한 교회의 구성은 연령별·성별로 어떻게 구성되어 있으며, 각 계층에 따른 특화된 접근이 필요하다면 어떤 것이 있을까요?

2. 1번 질문에 이어서 현재 우리가 속한 교회에서 교회 생활을 잘 하지 못하는 취약한 계층이 있다면(시간, 직장 등의 이유로) 그 계층에 대한 접근법은 무엇이 있을까요?

3. 우리가 신앙생활을 함에 있어서, 말뿐이 아니라 먼저 행함으로 본을 보여야 하는 이유는 무엇일까요?

기도

1. 우리가 속한 공동체의 모든 연령과 상황에 맞는 사역이 이루어지게 하옵소서.

2. 우리 공동체 가운데 소외되기 쉬운 계층에 대한 관심을 더 갖게 하옵소서.

3. 말이 아닌 행함으로 하나님의 복음을 증거하게 하옵소서.

9과

선한 일에 힘쓰는 자들(딛 3:2-8)

2아무도 비방하지 말며 다투지 말며 관용하며 범사에 온유함을 모든 사람에게
나타낼 것을 기억하게 하라 3우리도 전에는 어리석은 자요 순종하지 아니한 자
요 속은 자요 여러 가지 정욕과 행락에 종 노릇 한 자요 악독과 투기를 일삼은
자요 가증스러운 자요 피차 미워한 자였으나 4우리 구주 하나님의 자비와 사람
사랑하심이 나타날 때에 5우리를 구원하시되 우리가 행한 바 의로운 행위로 말
미암지 아니하고 오직 그의 긍휼하심을 따라 중생의 씻음과 성령의 새롭게 하심
으로 하셨나니 6우리 구주 예수 그리스도로 말미암아 우리에게 그 성령을 풍성
히 부어 주사 7우리로 그의 은혜를 힘입어 의롭다 하심을 얻어 영생의 소망을 따
라 상속자가 되게 하려 하심이라 8이 말이 미쁘도다 원하건대 너는 이 여러 것에
대하여 굳세게 말하라 이는 하나님을 믿는 자들로 하여금 조심하여 선한 일을
힘쓰게 하려 함이라 이것은 아름다우며 사람들에게 유익하니라

개요

바울은 디도에게 그레데 교인들에게 선한 일에 힘쓸 것을 권면하라고 말하고 있습니다. 이는 그리스도의 값진 희생을 통해 우리를 구원하신 하나님의 구원의 목적이며, 성도의 마땅한 바이기 때문입니다.

주제 성구

"이 말이 미쁘도다 원하건대 너는 이 여러 것에 대하여 굳세게 말하라 이는 하나님을 믿는 자들로 하여금 조심하여 선한 일을 힘쓰게 하려 함이라 이것은 아름다우며 사람들에게 유익하니라"(3:8).

본문 관찰

1. 바울은 교회 생활을 함에 있어서 모든 성도들에게 해당되는 일반적인 성도의 자세를 말하고 있습니다. 구절을 참고하여 괄호를 채우면서 교회 생활에 필요한 덕목들을 살펴봅시다. (2절)

"아무도 (　　　)하지 말며 (　　　　) 말며 (　　　)하며 범사에 (　　　　)을 모든 사람에게 나타낼 것을 기억하게 하라."

2. 바울은 예수 믿기 전의 자신의 모습을 이야기하고 있습니다. 이는 모든 사람에게 공통적인 것일 것입니다. 구절을 참고하여 괄호를

채우며 예수 믿기 이전의 우리의 모습을 생각해 봅시다. (3절)

"우리도 전에는 어리석은 자요 ( )하지 아니한 자요 속은 자요 여러 가지 ( )과 행락에 종노릇한 자요 ( )과 투기를 일삼은 자요 ( )스러운 자요 피차 미워한 자였으나."

3. 바울은 하나님께서 우리를 구원하심이 우리의 행함으로 말미암음이 아니요, 하나님의 긍휼하심으로 인함임을 말하고 있습니다. 이것은 바울의 핵심사상인 '이신칭의'의 사상입니다. 구절을 참고하여 괄호를 채워보세요. (5절)

"우리를 구원하시되, 우리가 행한 바 의로운 ( )로 말미암지 아니하고 오직 그의 ( )을 따라 중생의 씻음과 성령의 새롭게 하심으로 하셨나니."

4. 바울은 예수 그리스도로 말미암아 우리에게 무엇이 주어졌다고 말하고 있나요? '이분'이 우리 안에 들어와서 역사하사, 우리가 하나님의 뜻을 따라 살아갈 수 있도록 우리를 선한 길로 인도하고 계십니다. 이분은 누구일까요? (6절)

5. 결국 하나님의 은혜로 말미암아 우리는 영생의 약속을 받은 자들이 되었습니다. 바울은 이런 천국의 소망(유산)을 가진 우리의 신

분을 어떻게 표현하고 있나요? (7절)

6. 바울은 디도서에 자신이 디도에게 권면한 이 말을 그레데 교인들에게도 전하라고 이야기하고 있습니다. 그리하여 그레데의 믿는 자들이 올바른 신앙 지식을 가지고 결국 '이 일'을 행하게끔 했습니다. 신자들이 하나님 안에서 행해야 할 '이 일'을 바울은 '무슨 일'이라고 표현하고 있나요? (8절)

심화 질문

1. 바울이 3절에서 묘사한 것처럼 우리도 예수님 믿기 이전의 모습이 있었을 것입니다. 예수님 믿기 이전의 우리의 상태는 어떠했나요?

2. 바울은 복음을 받은 후, 변화된 우리의 모습을 2절에서 언급하고 있습니다. 바울이 언급한 이 덕목들 가운데 지금 나에게 부족한 덕목들을 찾아 적어 보세요.

3. 내 삶에 이루어가야 할 '선한 일'(8절)이 있다면 어떤 일이 있을까요?

기도

1. 우리의 삶이 주님 안에서 옛 성품을 버리고, 늘 새로운 성품을 덧입어 살아가게 하옵소서.

2. 우리 가운데 늘 성령의 풍성하게 역사하심이 나타나게 하옵소서.

10과

잘못된 가르침에 대한 마지막 경고와 끝인사(딛 3:9-15)

9그러나 어리석은 변론과 족보 이야기와 분쟁과 율법에 대한 다툼은 피하라 이
것은 무익한 것이요 헛된 것이니라 10이단에 속한 사람을 한두 번 훈계한 후에
멀리하라 11이러한 사람은 네가 아는 바와 같이 부패하여 스스로 정죄한 자로서
죄를 짓느니라 12내가 아데마나 두기고를 네게 보내리니 그 때에 네가 급히 니고
볼리로 내게 오라 내가 거기서 겨울을 지내기로 작정하였노라 13율법교사 세나
와 및 아볼로를 급히 먼저 보내어 그들로 부족함이 없게 하고 14또 우리 사람들
도 열매 없는 자가 되지 않게 하기 위하여 필요한 것을 준비하는 좋은 일에 힘 쓰
기를 배우게 하라 15나와 함께 있는 자가 다 네게 문안하니 믿음 안에서 우리를
사랑하는 자들에게 너도 문안하라 은혜가 너희 무리에게 있을지어다

개요

바울은 당시 그레데 교회에 들어온 잘못된 가르침과 그 교사들에 대한 주의를 다시 주고 있습니다. 그리고 끝인사를 나누며 편지를 마칩니다.

주제 성구

"그러나 어리석은 변론과 족보 이야기와 분쟁과 율법에 대한 다툼은 피하라 이것은 무익한 것이요 헛된 것이니라"(3:9).

본문 관찰

1. 잘못된 가르침에 대한 마지막 경고 (딛 3:9-11)

가. 바울은 당시 그레데 교회에 있었던 무익한 논쟁 세 가지를 언급하고 있습니다. 바울은 이런 논쟁들을 '무익한 것'과 '헛된 것'이라고 언급하고 있는데 이 세 가지를 9절에서 찾아 적어보세요. (9절)

①

②

③

'어리석은 변론'

이것은 신앙생활에 실제적인 도움을 주지 않는, 의미 없는 논쟁을 말합니다. 즉, 성경에 언급되지 않는 것, 정답이 없는 여러 해석이 가능한 것 등이 포함됩니다. 이는 무익한 이야기입니다.

‘족보 이야기’

유대인들은 족보를 중시하여 위인들 중에서 성경에 언급되지 않는 가상적 인물까지 들어간 족보를 만들어 이를 주장했다고 합니다. 이는 헛된 것입니다.

‘분쟁과 율법에 대한 다툼’

이는 앞에서 언급된 유대주의자들, ‘할례파’(1:10)들을 말합니다. 이들은 이방인들인 그레데 사람들에게 불필요한 율법을 주장했습니다.

나. 바울과 디도가 사역했던 초대교회 시대부터 다양한 이단들이 존재했습니다. 이에 바울은 이단에 대한 대처를 두 단계로 설명하고 있습니다. 이 두 단계를 본문에서 찾아 적어보세요. (10절)

① 1단계 :

② 2단계 :

이단에 대한 우리의 자세

오늘날도 우리 주변에 여러 이단들이 존재합니다. 우리가 이단에 빠진 사람들을 설득해서 돌아오게 할 수 있다고 생각하기 쉬운데, 현실은 그렇지 않습니다. 이단에 빠진 사람들은 돌아오기가 정말 쉽지 않습니다. 그래도 우리는 처음에는 이들을 권면해야 합니다. 그들이 이단에 빠진지 얼마 되지 않았다면 돌아올 가능성이 있기 때문입니다. 그러나 지속적인 권면에도 불구하고 이들이 돌아오지 않는다면 우리는 단호하게 대처를 해야 합니다. 그렇게 해야 교회 공동체를 지킬 수 있기 때문입니다.

다. 바울은 이단에 빠진 사람들의 상태를 어떻게 표현하고 있습니까? 구절을 참고하여 괄호를 채워보세요. (11절)

"이러한 사람은 네가 아는 바와 같이 ( )하여 스스로 ( )한 자로서 죄를 짓느니라."

'부패하여'

이단에 빠진 사람들의 상태는 이미 부패한 상태, 완전히 타락한 상태입니다. 그들은 자신들의 잘못되고 악한 주장만 되풀이함으로 스스로 자기를 정죄하는 상황에 빠지게 됩니다.

2. 끝인사 (딛 3:12-15)

가. 바울은 디도에게 어떤 도시로 오라고 요청을 했고, 그동안 누구를 디도 대신에 그레데 교회의 사역자로 보낼 것이라고 했나요? (12절)

① 디도를 부른 도시 :

② 디도 대신 그레데에 보낼 사역자 :

니고볼리

그리스의 서쪽의 도시로 마게도냐 북부 지역인 달마디아를 선교하기에 좋은 도시였습니다. 이후 디도는 니고볼리에서 겨울을 보내고 달마디아 선교사역을 갔을 것으로 추측이 됩니다. (딤후 4:10)

아데마와 두기고

아데마에 대해서는 성경을 통해 크게 알려진 바가 없습니다. 한편 두기고는 바울의 전도여행에 여러 번 동행한 인물이며(행 20:4; 엡 6:21), 바울이 에베소에 보내기도 했던 인물입니다(딤후 4:12). 이 두 사람 중 누가 그레데로 갔는지는 확실치 않습니다.

나. 바울이 쓴 디도서를 전달한 것으로 추측이 되는, 그레데 섬으로 간 바울의 두 동역자는 누구였나요? (13절)

율법교사 세나와 아볼로

세나는 유대인 율법교사로 이곳 외에는 성경에서 언급되어진 바가 없습니다. 아볼로는 성경에 능한 자였으며 아가야와 고린도에서 하나님의 말씀을 가르쳤던 자였습니다(행 18:24–28). 바울은 이들을 먼저 그레데에 가게 했는데, 그레데에 도착한 이들의 필요를 디도가 잘 돌봐줄 것을 권면하고 있습니다.

다. 바울은 세나와 아볼로와 같은 말씀의 사역자들이 그레데 교회를 방문할 때, 디도뿐만 아니라 그레데 교인들도 이들의 물질적인 필요를 채우는 일에 동참할 것을 권면하고 있습니다. 괄호를 채워보

세요. (14절)

"또 우리 사람들도 열매 없는 자가 되지 않게 하기 위하여 필요한 것을 준비하는 (   )에 힘 쓰기를 배우게 하라."

심화 질문

1. 오늘날 한국교회를 가장 어지럽히는 이단은 무엇이라고 생각하며, 그 대처 방안은 무엇이 있을까요?

2. 바울이 디도를 신뢰했던 것처럼 우리 주변에 신뢰할 수 있는 믿음의 사람이 있나요? 있다면 그 이유는 무엇인가요?

기도

1. 이단적인 가르침을 분별할 수 있게 하옵소서.

2. 디모데후서와 디도서를 통해 배운 교훈을 깊이 새기고 잘 실천하며 살아가게 하옵소서.

지도

바울 당시의 지중해 지도

디모데후서·디도서

하나님의 사람들에게 2

1판 1쇄 인쇄 _ 2022년 9월 1일
1판 1쇄 발행 _ 2022년 9월 13일

지은이 _ 평광교회 교구위원회
펴낸이 _ 이형규
펴낸곳 _ 쿰란출판사

주소 _ 서울특별시 종로구 이화장길 6
편집부 _ 745-1007, 745-1301~2, 747-1212, 743-1300
영업부 _ 747-1004, FAX 745-8490
본사평생전화번호 _ 0502-756-1004
홈페이지 _ http://www.qumran.co.kr
E-mail _ qrbooks@daum.net / qrbooks@gmail.com
한글인터넷주소 _ 쿰란, 쿰란출판사
페이스북 _ www.facebook.com/qumranpeople
인스타그램 _ www.instagram.com/qrbooks
등록 _ 제1-670호(1988.2.27)
책임교열 _ 박소영·김유미

 ISBN 979-11-6143-756-9 93230

책값은 뒤표지에 있습니다.